SOUVENIRS

DE

VOYAGE AU JAPON

COMMUNICATION

FAITE AVEC ACCOMPAGNEMENT DE

PROJECTIONS PHOTOGRAPHIQUES

A LA LUMIÈRE OXHYDRIQUE

A LA SÉANCE DE LA

SOCIÉTÉ DE GÉOGRAPHIE DE PARIS

DU 4 AVRIL 1884

PAR

HUGUES KRAFFT

IMPRIMERIE COOPÉRATIVE DE REIMS, RUE PLUCHE, 24

(N. Monce, délég.)

1884

Equipement pour le voyage à l'intérieur par voie de TOKAÏDO et NAKASENDO,
fait par L. BORCHARD, CH. KESSLER, ED. H. KRAFFT et HUGUES KRAFFT

avec un guide japonais
et quatorze djin-riki-sha à deux coureurs chacune.

En prenant la parole devant une aussi nombreuse assemblée, je tiens avant tout à exprimer au bureau de la Société de Géographie mes remerciements les plus sincères pour l'honneur qu'il veut bien me faire, en me permettant de paraître à cette table, devant laquelle ont l'habitude de prendre place des personnes mieux connues, mieux autorisées que moi.

Je n'ai entrepris, en effet, aucun voyage d'exploration scientifique ; je n'ai accompli aucune mission spéciale ; j'ai tout simplement fait le tour du monde, en agréable compagnie, avec mon frère et deux amis intimes ; comme l'ont déjà fait plusieurs de nos compatriotes et comme le feront certainement encore beaucoup d'autres, désireux d'entrer un tant soit peu en concurrence avec les milliers d'Anglais qui sillonnent les routes de l'univers.

En *globe-trotters* consciencieux (suivant la dénomination un peu hippique de nos voisins d'Outre-Manche), nous avons, pendant près de deux ans, parcouru successivement les *Indes Anglaises, Ceylan,* puis les *Indes Hollandaises,* visité notre colonie de *Cochinchine,* et une partie du *Cambodge,* côtoyé la *Chine* jusqu'à Pékin.

Enfin, avant de traverser le Pacifique et l'*Amérique,* nous avons fait un séjour prolongé au *Japon.*

Si j'ai pris ce dernier pays comme sujet de cette communication, c'est que tout en étant déjà très connu, le Japon, si sympathique à la France, offre matière à bien des développements. C'est que pour ma faible part, j'y ai été plus à même que partout ailleurs, de mener à bien les travaux d'études photographiques, dont j'ai eu la satisfaction de vous présenter quelques échantillons au mois de décembre dernier. L'accueil que vous avez bien voulu faire à cette petite exposition m'a encouragé à la compléter aujourd'hui par quelques détails descriptifs, qui seront accompagnés eux-mêmes de projections faites d'après une partie de mes nombreux clichés.

Permettez-moi de rappeler tout d'abord que le **Japon,** composé de 3000 îles environ, en compte 4 principales, dont la plus considérable, **Nippon,** proprement dit, centralise le plus grand mouvement vital du pays.

Les plus grandes villes comme Tokiyo, Kiyoto, Ozaka, situées entre le 35e et le 36e degré, dans sa partie méridionale (environ au centre de la latitude de tout l'Empire), correspondent approximativement à la position de San Francisco, Gibraltar, Téhéran, et Caboul.

La superficie totale de l'Empire représente environ 360,000 kilomètres carrés avec une population de 36 millions et demi d'habitants. Le climat est tempéré, à l'exception des îles extrêmes du Nord et du Sud, où règnent respectivement de grands froids et de fortes chaleurs.

Chacun sait qu'en **1858** seulement, le Japon s'ouvrit au monde étranger en concédant au commerce international la fondation des trois ports de **Nagasaki,** au Sud, **Yokohama,** au Centre, et **Hakodade,** au Nord, sur l'île de Yesso.

Jusque-là le sol sacré de l'*Empire du Soleil-Levant* avait été interdit à n'importe qui ; et même le Japonais qui s'expatriait, pour une raison ou pour une autre, restait banni à tout jamais de son pays.

Les *Mikado*, se succédant en ligne ininterrompue depuis 660 avant Jésus-Christ, c'est-à-dire depuis 2519 ans, végétaient en souverains mystiques à Kiyôto, tandis que les *Taïkoun* ou *Shogoun* généralissimes, usurpateurs du pouvoir, gouvernaient effectivement à Yédo.

Dix ans après l'arrivée des Européens en 1868, tout changea brusquement :

Une terrible guerre intestine, résultat de longues luttes sourdes, avait éclaté et se termina par la défaite du Taïkoun.

Le Mikado reprit le pouvoir perdu, commençant l'ère nouvelle d'une monarchie régénérée, et inaugurant sa restauration par le bouleversement complet de toutes les institutions existantes :

Le système féodal fut détruit ; les *Daïmiyos*, ou grands vassaux, rendirent leurs territoires et leurs sujets, contre la conservation du dixième de leurs anciens revenus, et l'obligation de résider à l'avenir dans la capitale, débaptisée du nom de Yédo à celui de Tokiyo.

On implanta en même temps toutes les réformes et toutes les organisations qui ont mis depuis cette époque le Japon sur le même niveau que les nations occidentales.

En résumé, le Japon a sauté en 1868 à pieds joints du Moyen-Age à notre époque, tout comme si en France nous avions passé, *sans intercalle*, du règne de Charles VII au lendemain de 1789.

Et cependant, depuis l'arrivée des étrangers au Japon, la situation de ces derniers n'a guère été modifiée.

On a bien (en **1868**), après la grande révolution intérieure, créé de nouveaux débouchés en ouvrant les ports de : **Kobé** et **Niygata,** dans l'île centrale, ainsi que des concessions étrangères à Ozaka et Tokiyo. Le Gouvernement eut même le courage de prendre, quatre ans plus tard, une mesure capitale, sans laquelle la vie des Européens serait restée

— 4 —

continuellement en danger : l'abolition du port des sabres,
réservés à tous les membres de la classe militaire, c'est-à-dire
à près de 3,000,000 de *Samouraï*.... Eh bien, en 1884, de
même qu'au début, les étrangers en sont encore réduits aux
cercles restreints de leurs concessions et à un rayon de dix
ris (c'est-à-dire de 35 kilomètres environ) autour de ces territoires.

Nulle part ailleurs, ils n'ont le droit de résider ou de s'éta-
blir : Pour tout voyage, même pour la moindre excursion
au-delà des limites précitées, il leur est nécessaire d'obtenir
des passeports spéciaux et très minutieux.

Ces passeports se donnent, sans doute, sans la moindre
difficulté; mais ils sont toujours scrupuleusement vérifiés en
route par la police intérieure, et annulés dans le plus petit
cas de transgression, ainsi que l'apprit à ses dépens (tout ré-
cemment encore) un voyageur allemand que nous avons connu.
Dévié de son itinéraire, il fut arrêté, et impitoyablement
reconduit par les fonctionnaires à son point de départ.

Proj. Phot : Carte du Japon.

Dans l'itinéraire que nous allons suivre, nous visiterons
d'abord les ports européens, puis les grandes routes, enfin les
villes principales de l'intérieur.

C'est à **Yokohama,** la clé réelle du Japon, et le point central du mouvement commercial avec l'étranger, que viennent
aboutir, comme à une tête de ligne, les services de bateaux
divers.

Parmi les principales compagnies, deux : la *Pacific
Mail* et *l'Oriental et Occidental,* réunies en une seule administration, relient San-Francisco à Yokohama, par des tra-
versées variant de 15 à 23 jours.

Un embranchement des *Messageries Maritimes*, greffé sur la grande ligne de Chine, joint Yokohama à Hong-Kong par des voyages de 7 à 8 jours.

Une compagnie *anglaise* et une compagnie *japonaise*, enfin, la *Mitsou-Bishi*, font en 7 jours le service de Shang-Haï à Yokohama, en relâchant à Nagasaki et à Kobé, après avoir traversé la mer intérieure, cet immense et charmant lac bleu parsemé d'îles pittoresques.

Yokohama a été fondé sur l'emplacement d'un pauvre petit village de pêcheurs, et établi à l'origine (pour plus de sécurité) sur une langue de terre, isolée par la mer et des canaux ; tout autour, sur la terre ferme, se sont groupées maintenant les maisons de la ville japonaise, dont le nombre va sans cesse en augmentant.

Yokohama compte actuellement 4,000 étrangers, dont la moitié sont Chinois ; la population japonaise est d'environ 65,000.

Ici, comme dans les autres ports européens, on est frappé de suite du parquement spécial des étrangers à deux pas de l'élément japonais : d'un côté, en effet, nous voyons la ville japonaise nouvelle; de l'autre, le *Settlement*; et entre les deux, les bâtiments modernes de l'administration indigène, c'est-à-dire les douanes, la préfecture, les bureaux de poste et de télégraphe, — plus loin, la gare du chemin de fer, qui relie Yokohama à Tokiyo par un trajet d'une heure à peu près.

Vu l'extension croissante de l'importance de la concession, les Européens ont établi leurs demeures personnelles sur des collines appelées *Bluffs*, tandis que dans le Settlement se groupent les bureaux, les bâtiments de commerce et les magasins, fournis de tous les objets nécessaires à la vie usuelle ou mondaine.

En prenant Yokohama comme type de l'installation étrangère au Japon, on ne peut s'empêcher de constater l'indifférence générale dans laquelle vivent les étrangers vis-à-vis de ce qui pourrait les intéresser au point de vue indigène.

— 6 —

En voici, du reste, le résultat pratique : tandis que les anciens résidents seuls, savent parler la langue japonaise d'une façon à peu près courante, les autres, les nouveaux, se bornent à prendre connaissance d'un patois singulier, adopté dans les ports pour les relations avec les coulis, la domesticité et les marchands.

Si ce patois a la réputation très justifiée d'être facile, il présente, par contre, l'inconvénient de rester absolument incompris de tout Japonais qui a la prétention de parler sa langue telle qu'elle existe.

Proj. Phot. :

— Vue du haut des Bluffs sur le Settlement et la mer.

— Vue de la ville japonaise et du Foudji, volcan éteint, à l'horizon.

Deux mots sur le *système monétaire* et les *costumes japonais* en général.

Dans tous les ports ouverts, le *dollar* mexicain (qui se négocie à 4 fr. 70 environ) est la valeur monétaire qui règle toutes les affaires des étrangers entre eux, sur leurs concessions, et dans leurs relations extérieures. Par contre, le *yen* est la valeur monétaire propre du Japon. Répandue avec toutes ses subdivisions, sous forme de papier-monnaie, appelé *Kin-satsou*, elle sert, en dehors de toutes les transactions intérieures, à toutes les relations entre étrangers et indigènes.

La co-existence de ces deux types de monnaie a créé des inconvénients d'autant plus considérables, que la spéculation japonaise joue sur le yen comme sur une valeur de bourse quelconque, amenant ainsi les variations les plus inattendues du jour au lendemain, du matin au soir même.

Pour ne citer qu'un exemple de ces fluctuations, — le dollar se négociait, à notre arrivée, au change de 1 yen et 80 sen (c'est-à-dire, à près de 2 yen), tandis que quelques mois plus tard il ne valait que 1 yen et 25 sen ; et que maintenant, d'après les dernières nouvelles reçues, les deux valeurs se trouvent presque au pair.

Des bureaux de change nombreux se voient dans la concession européenne, où ils sont exploités par des Chinois, tandis que dans la ville japonaise, ils se trouvent côte à côte avec ces grands dépôts indigènes, aux *inscriptions anglaises* sur les façades, avec les magasins de bibelots chers et de pacotille moderne, dont le Japon a inondé l'Occident depuis vingt ans.

Ceux qui, après avoir cru encore à l'existence des sabres, s'imagineraient d'un autre côté que tous les Japonais sont habillés en clients de la "Belle-Jardinière," seraient dans une grave erreur. Le fait est, qu'en dehors de Tokiyo, il n'y a qu'un nombre très restreint de Japonais vêtus complètement à l'européenne, et encore, dans la capitale, n'est-ce que les employés des administrations du gouvernement qui ont renié le costume national.

Le véritable vêtement japonais a, pour les hommes comme pour les femmes, le même principe et la même forme ; c'est une longue houppelande, à larges manches, sans boutons ni agrafes, appelée *kimono*, serrée à la taille par une ceinture, *obi*, très large chez les femmes, étroite chez les hommes, et toujours liée par un nœud coquet et artistique. C'est dans cette ceinture, au bas des reins, que les hommes portent accroché le petit attirail à fumer indispensable, c'est-à-dire la pipette dans son étui et la poche à tabac. Suivant la température ou la position sociale de l'individu, on met un ou plusieurs kimono superposés.

Depuis des siècles, la mode, moins changeante que dans notre civilisation, a consacré cette forme universelle, dont elle se permet seulement de varier le dessin ou la couleur.

En tous cas, aucun ton vif ou heurté ; les enfants seuls, les toutes jeunes filles, ainsi que les courtisanes *(djoro)*, ayant droit aux nuances fantaisistes. Quant aux vêtements des adultes, ils sont toujours d'une couleur discrète, **sombre**, variant dans les gammes éteintes de gris, de bleu, de brun, etc.

Une seule décoration est usitée : c'est l'impression en blanc, sur le cou et les manches, du nom ou de l'écusson de la famille.

Quant à la nuance du costume de l'ouvrier, de l'artisan, etc., elle est uniformément bleu foncé pour les vêtements de travail, plus courts et plus serrés, et chiffrés, suivant les métiers, de grands caractères et de grands signes blancs.

L'usage du linge n'existe pas ; mais les flanelles, les tricots, etc., ont trouvé un grand écoulement depuis leur importation (certes la plus pratique de toutes) et sont presque universellement employés.

Le système de chaussure, si particulier, se compose, comme chacun sait, d'une semelle fixée aux pieds par deux bourrelets, qui se rejoignent entre l'orteil et les autres doigts ; que ce soient des sandales de paille *(waradji)* ou des planchettes de bois *(guéta)*, le système reste le même pour hommes, femmes et enfants.

En réalité, les Japonais n'ont adopté que notre chapeau de paille, ou de feutre, notre coiffure et nos parapluies ; mais ces adoptions sont tellement générales, que dans les campagnes seulement et parmi la population des pêcheurs ou des montagnards, on rencontre encore l'ancienne mode de coiffure, si élégante et si pittoresque, qui laisse rasé le dessus du front et ramène en une petite queue mastiquée, la longue chevelure sur le sommet de la tête.

Quant aux femmes (et honneur leur soit rendu pour cet esprit de conservation nationale), elles n'ont changé en rien l'aspect original de leur toilette si étudiée.

Proj. Phot. :

— Homme coiffé à l'ancienne mode, en costume habillé, en chaussettes « *tabi* » (tenue d'intérieur), et bourrant sa pipette.

— Jeune homme en costume moderne mitigé, portant à la ceinture l'attirail à fumer.

— Jeune femme en vêtements d'hiver et capuchon, tenant une lanterne de papier.

— Jeune fille avec ombrelle et coiffée du bout d'étoffe bleu-ciel appelé *hatchi-maki.*

Le Japon est par excellence le pays des excursions, et cela pour trois raisons : 1° le charme et la variété du paysage ; 2° le confort des hôtelleries, autrement dit des *maisons de thé ;* 3° l'amabilité et la politesse de la population.

Cela est tellement vrai, que le Japonais lui-même en profite le premier, et qu'on le rencontre partout dans l'intérieur, circulant pour son plaisir, pour ses affaires, ou dans un but de dévotions religieuses.

L'animation la plus gaie et la plus inattendue règne en particulier sur le **Tokaïdo**, la grande artère intérieure qui relie, sur une longueur de 133 ris (c'est-à-dire environ 465 kilomètres), les villes de Tokiyo et de Kiyoto. C'est la route historique du pays, sillonnée autrefois par les fiers cortèges de Daïmiyos, qui allaient rendre leurs hommages à leur suzerain. Maintenant elle est bordée d'un bout à l'autre par les poteaux du télégraphe et envahie par une multitude toute démocratique de gens à pied ou en *djin-riki-sha.*

Pour circuler dans l'intérieur, en effet, le voyageur n'a que le choix entre ses jambes, les djin-riki-sha, petits fauteuils roulants trainés par des hommes au trot, ou bien le *kango,* c'est-à-dire la litière de bambou, mais qui n'est plus usitée que dans les passes de montagnes.

Quant aux chevaux, on n'en voit à peine, sauf ceux qui trainent les voitures du service des postes, ou d'autres, chargés des fardeaux les plus lourds, que les coulis ne pourraient balancer sur leurs épaules.

Pour cette raison les routes restent bonnes, et en dehors de pluies exceptionnelles, ne présentent pas d'ornières.

Proj. Phot. :
— Groupe de touristes japonais, en guêtres collantes, kimono relevés, et portant de longs gants contre le soleil.
— Un *Kango* : porté par deux coulis, vêtus seulement du *foundoshi* (linge noué autour des reins). *
— Djin-riki-sha attelée de deux coureurs, en foundoshi, tunique courte, bandeau autour du front, et sandales de paille.

(*) Nota : Cette tenue primitive, commode par les chaleurs, n'est plus tolérée sur la voie publique. La police a pour mission spéciale de la réprimer.

Les djin-riki-sha ont été inventées il y a une quinzaine d'années, et sont devenues depuis un moyen de locomotion tellement nécessaire, qu'elles occupent des milliers de jambes japonaises. Elles ont créé une profession nouvelle pour les individus des classes inférieures, mais quelquefois même parait-il, pour des *samouraï* appauvris, qui se trouvent dans la bizarre condition de trainer tels personnages auxquels ils eussent été en droit de couper la tête, il y vingt ans, pour manque de respect.

Ces petites voitures stationnent partout, comme des fiacres, et se trouvent également dans l'intérieur, tout le long d'une route aussi vivante que le Tokaïdo.

On pourrait donc facilement, dans le cours du même voyage, alterner la marche à pied avec la djin-riki-sha, sûr de trouver partout de nouveaux véhicules et de nouveaux coureurs.

Quand il s'agit cependant d'une expédition de deux mois, (et de plus de 1,000 kilomètres, comme celle que nous avons entreprise), il devient plus avantageux de passer contrat pour la durée de tout le voyage avec un certain nombre de ces véhicules. Les hommes, du reste, s'entrainent d'autant mieux et arrivent à franchir des distances etonnantes qui peuvent se chiffrer jusqu'à 60 kilomètres par jour.

Pour accomplir de pareilles courses sans fatigue, il leur suffit de s'arrêter toutes les heures (c'est-à-dire environ tous les 8 kilomètres) à quelque débit de thé sur le bord du chemin. Lestés d'une coupe de riz et de quelques gorgées rafraîchissantes, ils repartent plus dispos que jamais.

Ces coureurs sont véritablement une des curiosités du Japon moderne. Nerveux et fortement musclés, ils trottent indifféremment par le soleil brûlant comme sous la pluie battante, tirant avec ardeur dans les montées, retenant avec prudence dans les descentes, toujours gais, toujours satisfaits, plaisantant entre eux et riant avec nous sans jamais se départir de leur politesse naturelle de saluts et de remerciements. Ils arrivent au but sans essoufflement, comme si la même course était à recommencer, et tout cela pour une somme qui s'élève en moyenne à *4 fr.* par *jour*, et sur laquelle ils ont à payer eux-mêmes leur gîte et leur nourriture.

Il serait trop long de donner un aperçu détaillé de l'aspect du Tokaïdo, qui suit d'assez près la mer sur les trois quarts de sa longueur.

En résumé, c'est une succession de collines verdoyantes, de vallées riantes semées de maisonnettes brunes, de passes rocheuses, d'échappées inattendues sur la mer et des baies azurées ; de larges plaines de rizières, bordées par de hautes cimes, et dominées au loin par le cône imposant du vénérable *Foudji*, la montagne sainte du Japon.

L'atmosphère est presque notre atmosphère d'Europe ; la végétation a l'apparence de la nôtre. Partout de grands pins sombres donnent au paysage l'aspect de l'Écosse, de la Forêt Noire, ou des Pyrénées.

Proj. Phot. :

— Village de Youmoto.

— Lac et village de Hakoné.

— Cabanes de pêcheurs au bord de la mer.

— Portique de temple (*tori*) avec vue sur une baie.

Quant aux centres habités, ils présentent un cachet uniforme de simplicité honnête et modeste :

Les hameaux, les villages, les bourgs et les petites villes se succèdent sans grande variété, avec leurs maisonnettes couvertes de chaume, de paillettes de bois ou de tuiles grises. Les rues sont droites, propres et larges, bordées de maisons assez basses, à un seul étage. Toutes construites en bois, elles se fondent dans une teinte brune générale, sur laquelle tranchent seulement les enseignes des boutiques et des auberges.

Dans les bourgs et les petites villes en particulier, la voie centrale abonde en magasins et en débits : des étalages de toutes sortes purement japonais ou déjà mélangés d'objets étrangers, des boutiques de vêtements et d'étoffes, des dépôts de porcelaines usuelles aux teintes bleues et blanches, des marchands de riz, de lanternes, d'objets de bambou ou de laque ordinaire, de lampes, de bouteilles, etc.

De loin en loin surgissent, au milieu de la masse des constructions, des bâtiments plus élevés faits en matériaux incombustibles et bardés de lourdes portes laquées. Ce sont les coffre-forts des Japonais, destinés à sauver leur petite fortune, leurs récoltes, leurs marchandises, dans les cas si fréquents d'incendies qui dévorent ici d'un seul coup des quartiers entiers.

Chaque maison japonaise, qui est pour ainsi dire une boîte d'allumettes, flambe avec une telle rapidité, que les habitants, certains de ne rien sauver, se contentent en général de la quitter à la hâte, et de la regarder brûler philosophiquement, sans se faire de chagrin d'un malheur qu'un peu de travail va vite réparer.

Dans les rues et même sur les routes, circulent quantité de commerçants et d'industriels ambulants, colportant (à chaque extrémité de forts bambous) des charges de marchandises, de poissons, de fleurs ou de plantes, voire même des boutiques entières qui se posent ici ou là pour offrir aux passants un rapide repas.

Toutes les maisons sont grandes ouvertes sur la rue ; de telle sorte le regard peut plonger jusqu'au fond des demeures, assister aux marchandages de clients à vendeurs, suivre les scènes de travail ou de vie de famille, s'intéresser aux ébats des nombreux marmots dont la gravité sérieuse se traduit même dans leurs yeux.

Vêtus en chérubins ou perdus dans les plis de longues

robes taillées comme celles de leurs parents, ils exhibent les coiffures les plus fantaisistes, les cheveux tantôt coupés court, tantôt rasés sur toute la tête, ou laissant des petits ronds ou des mèches symétriquement disposées.

Les parents gâtent beaucoup leurs enfants.

D'un autre côté cependant, il y a dans l'élevage des négligences qui paraissent incompréhensibles quand on voit des petits êtres à peine venus au monde, confiés aux soins de leurs aînés, qui ont eux-mêmes trois ou quatre ans au plus. Ceux-ci les traînent à leur remorque, ficelés sur leur dos, comme des paquets de chiffons ; et tandis que ces pauvres créatures s'endorment et que leurs têtes vont ballottant au gré du hasard, — les petits porteurs courent et vagabondent eux-mêmes, comme s'ils n'avaient pas charge de famille dès leur plus jeune âge.

Proj. Phot. :
— Boutique portative et groupe d'enfants, porteurs et portés.
— Rue de village avec boutiques ouvertes.
— Couli chargé et criant ses marchandises.

———

La maison japonaise, même la plus modeste, est toujours très soignée. Jusque dans la cabane du plus pauvre, on voit au moins un bout de la natte traditionnelle que foule seulement le pied enveloppé de la chaussette bleue ou blanche ; *toute chaussure, servant dans la rue, étant laissée à la porte de l'habitation.*

Le plancher de nattes est chose sacrée, bien plus sacrée que nos tapis, et qui inspire un respect auquel nous autres étrangers, nous manquons journellement, sans même le vouloir.

En se refusant de se plier à ces exigences, on agirait, tout comme si chez nous, des Japonais voulaient monter tout chaussés sur nos meubles de soie et de velours.

Les chambres, assez petites et basses, sont toujours mesurées d'après le nombre de nattes qu'elles contiennent, la natte, appelée *tatami*, ayant dans tout le pays une dimension uniforme de 1ᵐ 60 sur 0ᵐ 80 environ.

Des parois à coulisses pleines séparent les chambres les unes des autres, tandis que d'autres parois, divisées en carreaux de papier, y donnent la lumière. Dans l'ensemble des poutres et des cadres de charpente qui supportent la toiture, il y a seulement quelques pans de murs de terre ; tout le reste se clôt par le même système de parois mobiles, qui glissent dans des rainures, se placent et s'enlèvent à volonté pour former une seule pièce de deux ou trois plus petites.

En enlevant toutes les parois mobiles de la maison, on pourrait ainsi former en quelque sorte une grande lanterne ouverte à tous les vents.

Du reste, il n'y a ni greniers, ni caves, ni loquets, ni serrures ; si bien que dans les vastes maisons de thé qui hébergent quelquefois des centaines de voyageurs, le domaine respectif de chaque hôte resterait soumis à toutes les indiscrétions, si elles étaient habituelles ici.

Quant au mobilier, à vrai dire, il n'existe pas :

Qu'on entre dans un appartement quelconque et l'on n'y verra *rien*, en dehors des nattes jaune-paille, bordées de ruban gros bleu : chaises, tables, commodes ou toilettes, autant d'objets inconnus et inutiles.

Le Japonais se met par terre sur un coussin carré apporté à cet effet, et sur lequel il s'agenouille ; il mange sur de petits plateaux placés devant lui pour le repas seulement ; il écrit sur quelque tablette volante à laquelle n'est assignée aucune place fixe. Pour la nuit, on lui apporte encore la lanterne de papier, les minces matelas superposés qui forment son lit, le petit socle de bois sur lequel il repose sa nuque : autant d'objets qui, pendant le jour, sont rangés dans quelque fond d'armoire, avec les vêtements et les objets usuels, tous portatifs, comme le plateau à thé, la boîte à fumer et le brasero-calorifère, etc....

En un mot une même pièce japonaise sert tour à tour de salon, de salle à manger et de chambre à coucher.

Les besoins généraux sont si modestes ; l'ornementation telle que nous nous la figurons d'ici sous forme de porcelaines, de broderies, de meubles en laque ou en bois, et de bibelots, existe si peu ; que l'on reste tout surpris, au premier abord, de voir la coquetterie décorative se porter uniquement sur les murs.

Les bois de traverse sont polis et lisses comme du satin, ornés aux jointures de petits cartouches de métal ; les panneaux couverts d'inscriptions symboliques ou de peintures ; les impostes sculptés et découpés à jours ; enfin les parties de murs solides, toujours utilisées de manière à former des alcôves dans lesquelles sont fixées des armoires mignonnes et des étagères coquettes, ou qui abritent un *kakémono*, (peinture étendue sur un rouleau de soie) suspendu au-dessus de quelque vase rempli de fleurs fraîches ou de branches artistement courbées.

La chambre japonaise ainsi disposée donne sur la rue ou sur une petite cour intérieure toujours décorée avec recherche. Que cette cour ait 3 ou 6 mètres carrés, elle ne sera jamais vide, mais représentera un jardinet minuscule, avec des groupes de pierres et de petits rochers, des touffes d'azalées et de sapins nains. Il y aura même des petits paravents de bambou, adroitement placés, pour simuler jusqu'à des perspectives dans cet ensemble de miniature.

Proj. Phot. :

— Cour intérieure, ornée de plantes, etc., avec installation de lavabo, écuelles et seaux en bois.

Dans ces jolis paysages, dans ces intérieurs coquets, habitent des gens de rapports aimables, déférents et toujours gais.

C'est nous autres, Européens cependant, qui profitons, en

général, le moins de ces manières agréables, parce que le Japonais a souvent raison de croire sa politesse mal appréciée et même perdue.

Tandis que nous entrons partout avec nos airs vainqueurs, les Japonais usent entr'eux des manières les plus raffinées. En s'adressant mutuellement la parole, ils se déprécient toujours eux-mêmes et comblent d'éloges la personne avec laquelle ils parlent. Pour se saluer dans l'intérieur des habitations, ils s'agenouillent en plaçant les mains sur les nattes et touchant à plusieurs reprises le sol de leur front, murmurant des souhaits, des félicitations, des remerciements chaleureux.

Quand ils se rencontrent dans la rue, hommes et femmes se courbent en deux à plusieurs reprises encore, promenant leurs mains de haut en bas, sur les genoux, et sifflant le murmure de satisfaction traditionnel, accompagné de force sourires. Tous, jusqu'aux simples coulis, jusqu'aux pauvres pèlerins et aux mendiants, se saluent ou se quittent avec le même cérémonial.

Les journées de voyage sont coupées par de courtes haltes faites sur le bord de la route, sous quelque abri où se débite du thé, à l'entrée d'un temple, ou sur un point de vue renommé. Là, des femmes offrent la petite tasse de thé traditionnelle et le plateau de sucreries; puis on repart par monts et par vaux pour trouver le soir un gîte dans la grande hôtellerie de quelque bourg.

Proj. Phot. :
— Débit de thé sur la route; coulis assis sur un banc et prenant un repas de riz.
— Servante apportant le plateau à thé.
— Grande hôtellerie, à deux étages, au coin d'une rue, avec échoppe de marchands de fruits et station de djin-riki-sha.

C'est ici que s'observent le mieux les détails de la vie intime du peuple japonais.

Tout d'abord le spectacle de ses repas :

Les servantes (car ce sont toujours des femmes qui font le service de la maison) apportent et présentent à genoux, le plateau à thé, les petites tablettes encombrées de coupes de porcelaine ou de laque unie qui contiennent le poisson, le potage aux œufs ou aux champignons, les légumes salés, puis l'écuelle à riz, la fiole à *saké*, etc...

Les repas sont toujours silencieux.

Puis le bain.

Chaque Japonais prend, le soir, un *bain quotidien*, un bain chaud ; même tellement chaud que la température en est impossible à supporter pour nos épidermes européennes. Du reste, les Japonais qui s'y prélassent un temps infini, en sortent toujours rouges comme des homards ; et s'il s'en trouvent bien en été, ils doivent s'en trouver encore mieux en hiver, quand les *hibatchi* (braséros), leurs uniques calorifères, ne réchauffent qu'imparfaitement l'intérieur des habitations.

Dans les maisons de thé comme dans les maisons particulières, le bain, qui se prend dans une cuve de bois, occupe un petit local spécial. Là, viennent défiler tour à tour, et souvent ensemble, voyageurs et voyageuses de tous les âges, jusqu'à la famille du propriétaire et tout le personnel de la maison.

L'hôte étranger a toujours la préséance ; c'est-à-dire, l'honneur de la première eau.

Au dehors, dans les villes, dans les villages, il existe des quantités de bains publics. C'est dans ceux des centres modernisés que le gouvernement, pour satisfaire aux influences nouvelles, a prohibé la promiscuité des sexes, en imposant des grillages de séparation au milieu de l'unique local.

Mais à l'intérieur ces restrictions n'ont pas encore été faites. En se plaçant au point de vue des habitudes simples du pays, elles sembleraient même peu nécessaires quand on considère la correction parfaite des rapports entre les baigneurs, et l'indifférence absolue dans laquelle ils restent en présence d'un rapprochement qui choquerait nos usages.

Si nos moralistes trouvaient à redire à ces mœurs primitives, on pourrait bien répondre que, d'autre part, une femme japonaise éprouverait une répugnance insurmontable à se décolleter, et qu'elle reculerait stupéfaite devant les exhibitions telles que nous les voyons dans nos féeries et nos ballets.

En fait de coquetterie, elle connaît seulement celle du visage.

Bienheureux, par exemple, celui qui peut dormir dans la maison de thé : le bruit des servantes affairées jusqu'au milieu de la nuit, les jeux et les causeries des voisins, la lumière qui se répand complaisamment au-dessus de toutes les cloisons, le grincement de quelque guitare dans les maisons attenantes ; voilà autant de compagnons de nuit auxquels il s'agit de s'habituer.

Le matin avant le jour le mouvement et l'animation ont déjà recommencé.

Pour le Japonais, l'installation des hôtelleries est tellement complète et répond si bien à ses besoins, qu'il trouve pour ainsi dire partout un confort égal, sinon supérieur, à celui de son habitation personnelle. Quant au prix de son passage, il paie en moyenne une somme de trente sen, c'est-à-dire de 25 à 30 sous environ pour un tarif général qui comprend le souper, le bain, la lumière, le lit et le déjeuner du matin. Le saké (eau-de-vie de riz) compte toujours comme boisson extraordinaire et se paye à part.

Il est d'usage de faire aux servantes des cadeaux minimes, qu'on leur remet toujours enveloppés d'un petit papier.

Sur les routes fréquentées par les étrangers (et le Tokaïdo compte parmi celles-là en toute première ligne) les tarifs sont augmentés, et souvent comptés jusqu'à 1 2, et 3 4 de yen.

Proj. Phot :

— Repas japonais : Une famille mangeant, avec les petites baguettes usuelles, un plat de macaroni.

— Intérieur d'une chambre : voyageurs jouant aux échecs.
— Jeune fille dormant, ayant à ses côtés la lanterne de papier
(andon), et un grand *hibatchi*.

La première ville considérable que l'on rencontre en longeant le Tokaïdo est **Nagoya**, cité florissante de 325.000 hab.

C'était autrefois la capitale des princes d'Owari ; c'est maintenant le centre des grandes industries de porcelaines et de cloisonnés.

La forteresse, une des plus belles du pays, a gardé son aspect d'autrefois. C'est le seul monument intéressant de la ville. Un pavillon à pignons retroussés (le donjon central) supporte une célèbre paire de dauphins en or, l'une des curiosités artistiques du Japon, dont on estime la valeur à 180.000 yen, c'est-à-dire à près de fr. 800.000.

Ils ont été faits en 1610, et l'un d'eux fut envoyé à l'exposition de Vienne en 1873 ; il fit naufrage au retour sur le *Nil*, vapeur des messageries maritimes, mais on le repêcha fort heureusement, pour le replacer sur son siège aérien, à l'abri d'un élément qui avait failli lui devenir si funeste.

Proj. Phot. :
— Forteresse de Nagoya ; pavillon d'angle au point de rencontre
de deux fossés.

En approchant de Kiyoto, l'un des points les plus intéressants à visiter est **Nara**, capitale impériale au 8ᵉ siècle.

Cet endroit est particulièrement connu à cause de ses grands bois sombres, de ses temples, et de la statue colossale d'un Bouddha en bronze qui mesure près de 20 mètres de hauteur, et qui attire journellement des centaines de pèlerins venus de tous les coins du pays.

Avec leurs guêtres serrées, le large chapeau et la grande canne, souvent vêtus tout de blanc, enguirlandés de chapelets et de plaques commémoratives, ces pèlerins constituent l'un des spectacles les plus pittoresques du pays.

Suivant les détails habituels du culte, comme tous les fidèles, ils passent, avant de prier, de l'eau sur leurs mains, en puisant dans les grandes vasques de pierre, scellées devant chaque sanctuaire ; ils jettent en offrande une petite monnaie dans un large coffre de bois. Puis, ils agitent fortement une corde et une cloche dans le but d'appeler l'attention spéciale de la divinité, et murmurent une courte prière debout ou agenouillés, en frappant leurs mains l'une contre l'autre dans un battement retentissant et sec.

Proj. Phot. :
— Groupe de pèlerins des deux sexes.
— Sanctuaire et pèlerin debout, en train de prier.

Quelques mots ici sur les croyances religieuses du Japon. La vraie religion du pays est le *Bouddhisme*. Il est divisé en une quantité considérable de sectes différentes dont chacune a ses divinités masculines et féminines, ses saints et ses héros, auxquels sont voués des multitudes de temples et de sanctuaires. Les fêtes religieuses sont en nombre égal à près de la moitié du nombre des jours de l'année.

Les prêtres bouddhistes (les *bonzes*) sont voués au célibat. Leurs vêtements sacerdotaux et leurs chapelets leur donnent une ressemblance avec les prêtres catholiques, de même que l'appareil luxueux du culte, les autels chargés d'ornements, de bronzes et de fleurs rappellent l'intérieur des églises romaines.

A côté du bouddhisme a été ravivé, depuis la restauration impériale, le *Shintoïsme*, qui est le culte spécial des divinités de l'antiquité japonaise, et en somme, la religion particulière de la Maison Souveraine. Ses rites et ses cérémonies sont empreints d'une simplicité archaïque qui exclut toutes les idoles ; le Shintoïsme n'admet que des miroirs symboliques, et une austère décoration de papier blanc en longues bandes déroulées. Les prêtres, connus sous le nom de *Kannoushi*, ont la faculté de se marier ; ils portent, pour l'accomplissement des cérémonies du culte, de longues robes de couleur vive et des mitres noires ; mais dans la vie habituelle, gardent le costume civil ordinaire.

Malgré la quantité énorme de temples et de lieux de dévotion, le Japonais au fond n'éprouve qu'un sentiment de superstition aveugle, ou d'indifférence trop éclairée. Son culte se résume en grossiers ex-votos, en pèlerinages intéressés, et en fêtes très profanes sous bien des rapports.

En raison des conditions religieuses du pays, on a pensé que les missions chrétiennes y feraient de nombreux adeptes. Il est reconnu toutefois, que les évangélisateurs catholiques obtiennent de bien faibles résultats, tandis que les missionnaires protestants n'en obtiennent pour ainsi dire aucun.

Le seul dogme chrétien qui soit arrivé à prendre pied d'une façon un tant soit peu sérieuse est la religion russe, qui forme sur place des prédicateurs envoyés dans l'intérieur du pays, et dont l'influence pourrait bien s'élargir avec le temps.

L'un des vieux temples de Nara a gardé une spécialité religieuse du culte de Shinto : la curieuse danse de *Kangoura*. C'est une dévotion qui, tout comme une messe, se commande et s'exécute sur le désir du fervent.

Les prêtres shintoïstes, vêtus de surplis blancs, se groupent eux-mêmes en orchestre pour accompagner la mimique de quelques vierges, qui se postent debout en file, enveloppées de larges robes blanches, tranchant sur un dessous écarlate, la chevelure ouverte dans le dos.

Tous ces personnages restent muets et immobiles jusqu'à un signal donné : à ce moment, ils courbent la tête jusqu'à terre ; les instruments jouent un prélude lugubre de flûte, de tambour, de planchettes et de harpe ; puis les jeunes filles commencent en mesure une série de mouvements lents et cadencés, exécutés avec une grâce et un ensemble parfaits, en maniant soit des éventails, soit des faisceaux de clochettes de métal.

Au milieu d'un décor austère, cette musique plaintive, ces

danses monotones forment un ensemble qui laisse sur la mé-
moire un ineffaçable souvenir.

Proj. Phot. : *

— Orchestre composé de trois prêtres, jouant de la flûte, du
tambour et des planchettes, et d'une femme jouant du *koto*
(harpe horizontale).
— Danse de quatre vierges, maniant des faisceaux de clochettes :
deux d'entre elles étant debout, les deux autres agenouillées.

A Ozaka, nous voici dans un centre de 550,000 habitants,
le siège par excellence du grand commerce intérieur japonais.
Les bras multiples de la rivière, le nombre infini des canaux,
lui ont valu le surnom de *Venise de l'Extrême Orient.* Sa citadelle, fort imposante, est véritablement le premier de tous
les châteaux-forts du Japon. Elle sert actuellement de quartier
général à l'un de ses grands districts militaires. On voit
également à Ozaka la Monnaie impériale, où se frappent les
nouvelles monnaies d'or et d'argent, presque introuvables, du
reste, dans la circulation.

La plus-value des premières en particulier, est considérable.

Nous avons assisté, à Ozaka, à l'un des spectacles les plus
typiques du pays : aux combats des lutteurs. Ils ont autant
de prestige et de popularité que les combats des gladiateurs
de la Rome antique, et les courses de taureaux du Madrid
moderne.

Les lutteurs, groupés par troupes, circulent par tout le
pays, organisant des séries de combats qui durent chaque fois
une dizaine de jours. Leur théâtre est une sorte de grand
hippodrome carré, couvert de toiles comme une tente immense. Des milliers de spectateurs, auxquels en général

---

* Nota : Ces deux photographies, prises par nous avec la permission gracieuse
des prêtres du temple de *Waka Miya*, sont sans doute les premières qui aient
été faites de cette cérémonie antique.

ne se mêlent pas les femmes, grouillent dans l'hippodrome, en nuances brunes et bleues. Au centre se dresse une estrade carrée drapée d'un grand baldaquin.

Les lutteurs portent pour tout vêtement une ceinture de satin bleu foncé munie de longues franges; leur chevelure, toujours pleine et longue, est relevée en arrière suivant l'ancienne mode. Un juge, en costume de gala et surplis à ailerons raidis, se poste à côté des combattants pour suivre leurs mouvements, et annoncer les phases de la lutte au moyen d'un éventail.

Quant aux préparatifs, aux essais, ils sont interminables : les combattants tout d'abord s'accroupissent, se regardent, puis se lèvent, font craquer les muscles de leurs immenses personnes, rafraîchissent leurs mains, s'accroupissent de nouveau et se contemplent encore..... Tout à coup ils se saisissent; on les croit engagés....! mais c'est un faux départ, et ils recommencent tous leurs préliminaires avec une affectation d'artistes sûrs de leur public.

Le spectateur japonais attend patiemment le moment où enfin les combattants se trouvent dans les bras l'un de l'autre, engagés dans une lutte sérieuse. Un long murmure accueille alors cet enlacement définitif et l'attention devient intense ;... mais la lutte ne dure pas.

Le vainqueur, vite révélé, enlève son adversaire droit au-dessus de lui, le renverse sur le sable et souvent le jette par delà de l'estrade, au milieu des spectateurs. A ce moment, les hourrahs éclatent de toutes parts, frénétiques, presque sauvages.....

Je ne sais si j'ai pu clairement rendre compte de l'impression saisissante de cette explosion enthousiaste...

Quoi qu'il en soit, ces grands hommes aux larges traits, arqués de gros sourcils ; ces luttes longuement attendues, puis terminées en un instant ; cette foule silencieuse d'abord, puis subitement secouée par un délire passager ; tout cela constitue un tableau émouvant du Japon actuel, qui a vu s'évanouir tant d'autres aspects caractéristiques.

Proj. Phot. : *

— Une séance d'exercices de lutteurs, dans la cour de l'habitation de leur doyen.

— Un combat de lutteurs, sur leur estrade et dans leur cirque, encombré par la foule.

———

Voici enfin **Kiyoto,** la cité sainte des temples et des palais, qui a été la capitale impériale depuis 793 jusqu'en 1868.

C'est, sans contredit, la plus jolie ville du Japon ; encerclée par de hautes collines, d'où la vue plonge sur l'immense plaine de toits plats, percée çà et là par les hautes arêtes des sanctuaires célèbres, si renommés pour leurs peintures historiques et leurs sculptures merveilleuses, qu'il faudrait des volumes pour les décrire.

Depuis le départ de la cour impériale, les rues régulières et larges de la ville ont pris un aspect quelque peu délaissé, malgré l'ouverture de la ligne du chemin de fer qui, en passant par Ozaka, relie Kiyoto au port de Kobé, par un trajet de deux heures environ. En tous cas, Kiyoto est resté par excellence la ville des plaisirs, des théâtres, des fêtes illuminées et des soirées de *Guésha.*

La *guésha* est l'artiste la plus populaire du Japon, à la fois chanteuse, musicienne ou danseuse, qui conserve et perpétue les mélodies et les chants du pays. On la livre dès

* Nota : Je puis encore citer ces deux vues comme des raretés photographiques, aucun photographe professionnel européen ou japonais ayant jamais reproduit les lutteurs et leurs combats autrement que d'après des scènes isolées, composées dans un atelier.

Afin d'avoir ces vues, il nous a fallu faire des démarches très-cérémonieuses auprès du doyen de la troupe, et attendre la fin des représentations, pour obtenir une séance toute spéciale en notre honneur.

sa première jeunesse à l'étude de sa profession, fort difficile
et compliquée, puisqu'il n'existe pas au Japon de musique
notée, et que toutes les mélodies se transmettent par l'ouïe
seulement.

Enrôlée par compagnies, elle se rend aux maisons de thé
où la commande le voyageur de passage, ou bien le citadin
de la localité, qui offre à ses amis, au restaurant, une fête
commune que l'exiguïté de sa maison et ses habitudes do-
mestiques ne lui permettent pas d'organiser chez lui.

Jusque dans les villes les plus petites, la guésha a élu do-
micile. On l'appelle, soit seule, soit avec des compagnes,
pour égayer le repas du soir.

Les représentations servent toujours de prétexte à des
collations composées de thé, de sucreries coquettement
enveloppées, de fruits découpés dans de l'eau fraîche,
ou de plats plus substantiels. Une fois que chacun a pris
place, les politesses et les plaisanteries commencent; les guésha offrent et on leur offre respectivement la coupe de saké
et la pipette fraîchement bourrée. Puis elles accordent leurs
longues guitares, les *chamicen* : les chants et les danses
commencent.

En dehors de quelques exagérations faites pour le goût européen, ces danses, aussi nombreuses que diverses, se dis-
tinguent toujours par la grâce la plus parfaite. Ce sont
de toutes jeunes filles qui les exécutent, dans des costumes
aux vives nuances, tandis que les plus âgées, vêtues de cou-
leurs sombres, grattent délicatement de leurs petites mains
élégantes les cordes de leurs guitares.

Pour l'étranger, qui peut si difficilement entrer en contact
avec les femmes des classes supérieures, la guésha représente
certes le type de la femme japonaise, délicate, charmante,
aimable et coquette jusqu'à l'excès; souvent ravissante de
traits et d'expression, mais constamment préoccupée de l'état
de sa toilette. Rien de plus curieux que de la voir rougir
ses lèvres, poudrer sa nuque, ou corriger du petit peigne sa
belle chevelure d'ébène...

Cependant malheur à celui qui ne resterait pas dans les limites des manières les plus exquises ! Habituée à la politesse extérieure la plus respectueuse, la guésha garde vis-à-vis de l'étranger, une fierté et une défiance très souvent affichée.

Il arrive ainsi à chaque instant qu'elle s'informe si les messieurs qu'elle va rencontrer sont vraiment des gens bien élevés, *qui ne crient pas trop fort et ne se permettent aucune familiarité.*

Proj. Phot. :

— Guésha de 18 à 25 ans, en vêtements sombres. *
— Petites guésha de 12 à 15 ans, accroupies, parées de robes riches et d'épingles volumineuses, jouant du *chamicen* et du *koto*.
— Danse comique de trois guésha-danseuses ou : *maïko*.

Entre Kiyoto et Tokiyo, la route directe, appelée route des Montagnes centrales, ou **Nakasendo,** mesure une longueur totale de 137 ris, c'est-à-dire un peu supérieure à celle de Tokaïdo.

Dans sa première partie, elle passe près du lac de *Biwa*, le plus grand lac du Japon, dont la superficie équivaut environ à celle du lac de Genève.

Son élévation est d'à peu près 800 mètres au-dessus du niveau de la mer. Sur sa longueur s'échelonnent cinq passes, variant de 1,000 à 1,600 mètres de hauteur. Les montées et les descentes se suivent si rapidement, que l'usage des djin-riki-sha devient presque inutile, souvent même impossible, et que la marche reste le moyen de locomotion le meilleur.

---

* NOTA : Le costume des guésha est réglé d'après les mêmes principes que le costume en général. De cette façon les plus jeunes guésha seules, portent des coiffures surchargées de fleurs et d'ornements clinquants, ainsi que des robes aux nuances voyantes.

Au fur et à mesure que la guésha avance en âge, elle affecte plus de modestie dans l'aspect de sa toilette ; si bien que son âge même, peut et *doit* se laisser deviner d'après la simplicité de sa coiffure, et la couleur terne de ses vêtements.

On rencontre ici beaucoup de chevaux et de taureaux chargés de fardeaux ; la population, plus robuste, aux traits accusés et énergiques, ne connaît aucune des additions modernes au costume national ; les enfants et les jeunes filles sont presque farouches et se sauvent volontiers. Les centres habités, plus espacés les uns des autres, sont souvent presque primitifs.

Nous excitons partout la plus vive curiosité, surtout pendant nos repas ; et le matin, en laçant nos grandes chaussures, inconnues dans ces parages.

Mais quelle route charmante :

Tantôt le chemin quitte une vallée d'un vert éclatant pour monter sur une cime boisée de pins et de hêtres ; tantôt il redescend de nouveau dans des étranglements ombragés de hautes futaies, au fond desquels roulent des torrents rocailleux ; les villages sont perchés sur des pentes ensoleillées, et partout des ruisselets babillards miroitent le long des maisonnettes à travers les rizières....

Le paysage est si frais, l'air si sain, le ciel si pur, que l'on se sent tout joyeux de vivre !

Proj. Phot. :
— Taureaux chargés de bois de construction, les pieds entourés de paille *.
— Vue d'un village dans une vallée traversée par un torrent.

Le temps ne me permet pas de vous conduire dans une des régions les plus vantées par les Japonais eux-mêmes, à *Nikko* ; à ses montagnes, ses temples, et ses tombes fameuses où reposent les grands Taïkoun ou *Shogoun*, fondateurs, au XVIe siècle, de la puissance militaire de leurs successeurs.

Veuillez donc me suivre, pour la fin de cette causerie, et au lendemain de nos calmes tournées montagnardes, dans Tokiyo, le cœur nouveau du nouveau Japon, et où battent toutes ses pulsations modernes.

---

* Nota : Le ferrage étant inusité dans l'intérieur du Japon, les chevaux eux-mêmes sont chaussés d'enveloppes de paille.

Avant l'année 1590, **Tokiyo** n'était qu'une rude forteresse, entourée de quelques villages épars. Pendant près de trois siècles elle fut le siège des Shogoun.

En 1868, le Mikado victorieux, **Moutsou-Hito,** qui règne encore aujourd'hui, y entra pour la première fois ; et le nom de Yédo fut transformé en celui de Tokiyo, qui signifie capitale de l'Est. Depuis cette époque, les changements qui ont bouleversé le pays ont trouvé ici leur reflet exact.

En débarquant à Tokiyo, dans le quartier demi-moderne qui entoure la gare du chemin de fer, on a devant soi un spectacle inusité dans les autres villes japonaises : des constructions en pierres, des rails de tramways ; puis la grande voie de *Ghinza,* qui ressemble à s'y méprendre à un boulevard européen.

A une demi-heure de là se trouve le quartier des Légations étrangères, un des plus agréables de la capitale. La Russie y occupe la plus belle installation, — une grande et luxueuse construction de style italien.

Quant à la France, elle loge en location dans une petite demeure bien simple, bien à l'écart, au détour d'une rue, au coin de laquelle trône, dans un *yashiki* (demeure seigneuriale) historique : la Chine.

Si nous sommes ici encore, c'est que nous l'avons bien voulu, car nous avons refusé dans le temps le plus bel emplacement de tout *Nagata-tcho*, point dominant, où plane maintenant le palais du ministère de la guerre.

Tout près on aperçoit les grands fossés et les hauts talus, couronnés de pins tordus, du *Shiro*, l'ancienne enceinte fortifiée des Shogoun. Leur vieux palais n'existe plus. Détruit par un incendie, il va être remplacé par une nouvelle demeure pour le Mikado, combinée pour faire face en même temps aux habitudes japonaises de la cour, et aux exigences de l'étiquette européenne.

A Tokiyo, où tout est immense, le Shiro couvre à lui seul la superficie d'une petite ville avec son parc et ses casernes.

Ici sont logés les troupes de la Garde Impériale, au nombre de 4,000 hommes environ. C'est à peu près la neuvième partie de l'armée actuelle du Japon, qui a été organisée, à son origine, sous la direction de deux missions militaires françaises, et pour laquelle le gouvernement adopte depuis, avec éclectisme, des améliorations prises dans les diverses organisations militaires.

Autour du Shiro même, le centre effectif de Tokiyo, se trouvent les enceintes de la citadelle proprement dite ; elles abritaient autrefois, pendant six mois de l'année, les nombreux seigneurs féodaux qui avaient là, sous l'œil du maitre, un domaine diminutif de leur fief réel. Ils y venaient avec une partie de leur clan, leurs *samouraï*, leurs soldats et leurs artisans.

Grand nombre de ces *yashiki* ont été détruits par le feu ou démolis ; d'autres sont remplacés aujourd'hui par de nouvelles constructions gouvernementales : les ministères, les bureaux d'administration, les écoles et les universités, où le paravent de papier a été détrôné par la fenêtre à guillotine.

Proj. Phot. :
— Soldat de l'infanterie de la garde impériale en grande tenue. *
— Fossé, pont, murailles et pignons du Shiro.
— Extérieur d'un yashiki, construit en bois de charpente noircis, sur soubassements de maçonnerie massive.

Tandis que le silence est la note caractéristique de ces grandes voies majestueuses, le Tokiyo populaire et animé commence tout autour des fossés, pour s'étendre jusqu'à des

* Nota : Je dois ce cliché à l'extrême amabilité du Général Oyama, Ministre de la Guerre, qui m'autorisa, en visitant les casernes de la Garde, à photographier les différents uniformes des troupes.

distances immenses, non pas comme *une* ville, mais comme *plusieurs* villes juxtaposées, avec des intervalles de culture et de campagne. Il y a des canaux, des ponts, comme à Ozaka ; des rizières, de petits bois bordés de cabanes pauvres qui transportent le passant dans quelque endroit du Tokaïdo ou du Nakasendo ; puis vient de nouveau une grande artère avec ses tramways, le calme et large fleuve le *Soumida-Gawa*, ou les rives de la baie.

Tokiyo est tout un monde, un monde de près de 1,000,000 d'habitants, qui résume tous les aspects de l'intérieur et présente au centuple le mouvement que vous connaissez déjà.

Ici, en particulier, les enfants constituent la plaie de la circulation. Depuis les tout petits jusqu'à ceux qui en portent d'autres, tous courent au beau milieu de la voie, se lançant, malgré tous les cris, avec la plus grande insouciance entre les jambes des coureurs. Qu'on se figure avec tout cela les aveugles qui tàtonnent de leurs bâtons ; les femmes qui se dandinent en clapotant de leurs planchettes ; les djin-riki-sha, lancées à fond de train ; les coulis qui trottinent sous le poids de leurs charges, et l'on se dira qu'un miracle seul empêche les accidents.

Et cependant il n'en arrive pas ! Pourquoi ?

Parce que ceux qui vont vite ont un calme et un sang-froid pareils à l'insouciance de ceux qui encombrent ; parce que personne ne s'impatiente ou ne se querelle ; que personne ne frappe les enfants imprudents ; que les coureurs s'arrêtent court avec une habileté étonnante au moment où leur véhicule est prêt à en briser un autre, s'excusant même, le sourire aux lèvres, du dérangement qu'ils ont pu causer à ceux qui les dérangent !

En résumé : urbanité générale et concessions mutuelles...
— Quelle leçon pour les habitants de certaines de nos grandes villes !

Les médecins expliquent que, par suite du climat, le peuple japonais a l'avantage d'être dépourvu du système nerveux dont nous sommes gratifiés, nous autres Européens. Quoi qu'il en soit, on ne saurait s'empêcher d'admirer et d'attribuer aussi à une éducation spéciale, la philosophie et la force de résistance inouïe avec lesquelles la race japonaise accepte tout ce qui lui arrive.

On est ici au pays des gens qui guérissent de maladies impossibles ; des enfants qui folâtrent sans tapage ; des hommes et des femmes qui souffrent les plus grandes douleurs physiques sans pousser de plaintes ; enfin, des foules compactes circulant sans bruit, sans injures et sans scandale.

Mais, d'un autre côté, quelle froideur et quelle impassibilité ! Les affections, les amitiés dissimulées derrière le voile d'une politesse formaliste.

Croirait-on que toutes les marques extérieures dont nous sommes si prodigues soient incomprises là-bas ! Qu'une mère n'embrasse pas son enfant, ni un enfant ses parents. Que des amis ne se serrent pas la main ; et qu'enfin, pour citer un seul exemple, des gens de la même famille, les compagnons les plus intimes, se quitteront pour une longue absence, ou se retrouveront, après des années de séparation, en se saluant calmement, imperturbablement ; comme ils saluent le premier venu, selon leur politesse à toute épreuve.

Dans cette atmosphère, si différente de la sienne, l'Européen ou bien réforme son propre caractère, ou bien perd à tout jamais le peu de patience dont la nature l'avait doté.

Mais le temps presse et Tokiyo est si grand que je ne pourrai plus vous conduire à travers ses spectacles divers, aux temples encombrés de foires populaires comme Asakousa, à ses parcs de Shiba et d'Ouyeno, dans ses maisons riches et ses jardins particuliers.

Veuillez seulement encore, pour terminer ces longues

explications, nous suivre dans les théâtres populaires, où se résument le mieux, sur la scène comme dans la salle, les contrastes de la vie passée et présente de la nation japonaise.

Le théâtre est un plaisir dont raffolent tous les Japonais, et auquel ils assistent pendant une journée tout entière. Les représentations commencent en effet dès le matin à 7 heures 1/2 et continuent jusqu'au soir à 8 ou 9 heures.

Dans une grande ville comme Tokiyo où les distances sont si longues, les Japonais font d'une séance théâtrale le but de tout un voyage. Ils débarquent dans la rue où se trouve la salle de spectacle et descendent dans une des nombreuses maisons de thé, dont cette rue est uniquement composée. Là ils achètent leurs billets, déposent leurs petits bagages, et selon l'organisation du programme, viennent s'y reposer ou prendre leurs repas.

Sur la façade extérieure s'étalent toujours des peintures fantastiques qui préparent le spectateur aux scènes émouvantes de l'intérieur.

La salle même est bizarrement organisée : un parterre divisé en petits carrés, comme autant de parquages garnis de nattes où s'agenouillent, comme dans leur maison, les femmes, les hommes et les enfants ; puis, sur les côtés, deux étages de petites loges ; enfin une large rampe longe la gauche du parterre et deux autres rampes se croisent au milieu de la salle. Elles servent toutes à l'action même de la pièce, car les acteurs y circulent pour entrer et sortir, et s'y arrêtent pendant leurs dialogues.

De grands rideaux s'ouvrent sur les côtés.

Quant aux changements de scènes, ils se font d'une manière excessivement ingénieuse, au moyen d'un pivot central, sur lequel tourne un décor à deux faces.

En disant *acteur*, c'est bien à dessein que j'omets le mot d'*actrice*, car les femmes jouent rarement ; et quand elles

jouent, c'est toujours en faisant partie de *troupes exclusive-
ment composées de femmes.*

Au point de vue japonais, la scène ne comporte pas le
mélange des acteurs des deux sexes; de cette façon, dans les
troupes de femmes, les plus grandes et les plus solides jouent
les rôles de héros, enflent la voix et font de grands gestes ;
d'un autre côté dans les troupes d'hommes ce sont des acteurs
quelconques qui imitent les sons de voix flutée, les attitudes
coquettes, et les minauderies du beau sexe.

Dans l'un et l'autre cas, leur jeu est fascinant au plus haut
degré, car les acteurs du Japon sont vraiment de grands
artistes, tragiques ou amusants, consciencieux jusqu'à l'excès,
et auxquels on ne peut comparer en aucune façon les man-
nequins purement conventionnels d'autres pays orientaux
comme les Indes ou la Chine.

Les sommités artistiques comme *Danjiuro, Sadanji,* etc....
ont une popularité aussi grande que nos Got, ou nos Coquelin.

Le programme de la journée théâtrale fait défiler tour à tour
des drames ou des comédies, des tragédies ou des ballets.
Les pièces historiques, avec les vieux costumes et les combats
héroïques, ont le plus de succès, par leurs péripéties
de duels, d'assassinats, de suicides par *harakiri,* de scènes
de larmes ou de supplices, que le public accueille toujours
par de longues traînées de sons gutturaux.

Voilà l'applaudissement national.

C'est dans ces scènes brillantes, entremêlées de coutumes
mystérieuses ; c'est dans ces combats chevaleresques, ces
discours lents et pompeux, qu'on devine le souffle qui agita
le pays autrefois, alors que le sang ruisselait des sabres, après
des dévouements invraisemblables et des fanatismes cruels.

On frissonnerait même un peu à ces impressions vivantes
si on ne pensait que le peuple de rieurs, qui assiste à ces
spectacles, n'a pas trouvé sa gaieté seulement dans sa grande
révolution, mais qu'il en a hérité de ses pères ; .....au détriment
peut-être de traditions, reléguées aujourd'hui parmi les choses
inutiles et impraticables.

Au surplus, en comparant le physique des héros de la scène avec celui des bourgeois inoffensifs de la salle, on les prendrait à peine pour des gens du même peuple, parce que les conventions classiques transforment le type naturel, en exagérant les yeux obliques, les sourcils farouches et les lèvres minuscules.

C'est donc bien au théâtre seulement, comme dans l'imagination des dessinateurs, qu'il faut chercher le sens des scènes outrées et de toutes les fantasmagories représentées sur les mille objets, que nous envoie l'industrie japonaise d'aujourd'hui.

Proj. Phot. :
— Façade du grand théâtre de Tokiyo.
— Sadanji en costume européen et divers travestissements. *
— Scènes de théâtre : Acteur en costume de prince avec sabre. — Groupe de trois samourai armés. — Groupe de deux acteurs en costumes de femmes. — Groupe d'un seigneur avec deux femmes et deux chanteurs. *

Pour me résumer, les Japonais actuels ne possèdent pas plus de points de rapprochements avec les types de leurs romans, qu'avec les dernières générations qui les ont précédés.

Poussés par l'impulsion d'en haut, ils s'engagent dans une voie qu'il est permis d'appeler anti-historique, avec des tendances à admirer et imiter les progrès de l'Occident, sans chercher peut-être à conserver de leurs institutions propres, tout ce qu'ils pourraient. Ils semblent oublier un peu vite certains traits de leur passé chevaleresque et artistique, des habitudes séculaires et délicates, pour se livrer à nos idées modernes, qui, en leur créant des besoins nouveaux, leur imposeront peut-être aussi de lourdes charges,

---

* Nota : Ces deux dernières séries de petites photographies populaires sont faites par des Japonais, et vendues dans tous les bazars et boutiques de la capitale.

En présence de leur intelligence exceptionnelle, de leurs intentions très énergiques, quelle sera l'issue d'une révolution aussi fondamentale et aussi subite, révolution dont l'histoire ne montre pas d'autre exemple ?

Tel est encore le secret de l'avenir......

En terminant, je vous prie, Mesdames et Messieurs, de recevoir tous mes remerciements pour l'attention que vous avez bien voulu prêter à cette imparfaite narration.

Si elle a pu éveiller auprès de vous quelqu'intérêt, j'ai, de mon côté, éprouvé une bien grande satisfaction en faisant revivre les souvenirs d'un voyage charmant ; et je me permettrai d'en souhaiter d'aussi agréables à tous ceux (ils seront nombreux, je l'espère) qui iront encore maintenir et développer au Japon, les sentiments d'amitié entre ce sympathique pays,....... et la France.

Imprimerie coopérative de Reims, rue Pluche, 21 (N. Monce del)

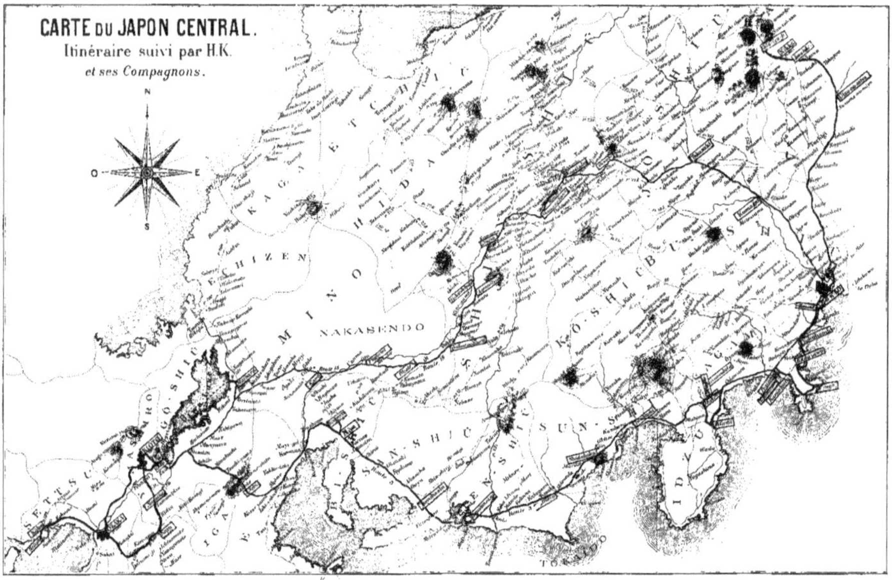

CARTE DU JAPON CENTRAL.
Itinéraire suivi par H.K.
et ses Compagnons.
N
O
E
S
KAGA
ETCHIŪ
HIDA
ECHIZEN
MINO
NAKASENDO
OWARI
KOSHICBU
SANUKI
OMI
MIKAWA
KO SHIŪ
SETTSU
IGA
ISE
SHIMA
IDZU
TŌKAIDO